Marin Sorescu
Abendrot Nr. 15

Gedichte

Aus dem Rumänischen
von Oskar Pastior

Piper
München Zürich

ISBN 3-492-02494-7

Gesetzt aus der Bembo-Antiqua
Gesamtherstellung: Kösel, Kempten
Printed in Germany

I Vom Wiedererkennen

Vom Wiedererkennen

Nachts, wie das so vorkommt, vergesse ich auf mich.
Und muß mich am Morgen erst wieder
langsam an den Spuren meiner Finger erkennen.
Vor allem aber an meinen Ticks.
Ich habe tausenderlei Ticks.

Wenn ich aus dem Fenster schau.
Wenn ich ins Büro gehe.
Wenn ich auf dem Stuhl hocke.
Wenn meine Finger voller Tinte sind.

Und insbesondere
wenn ich mein Plätzchen nicht finde,
nie und nimmer, in
keiner Ewigkeit
mein Plätzchen finde.

Merkwürdig: in Grenzsituationen
(»Gerade stehen!«, »Den Mond anhimmeln!«) –
da erkenne ich mich
überhaupt nicht wieder
und muß mich dann täglich
an einen anderen gewöhnen.

Schulden

Wer bezahlt die Akustik
für den Krach, den sie macht,
mal laut und mal leise,
anscheinend aber doch immer lauter,
wenn sie in allen Höhlen donnert?

Wer subventioniert das Gras,
damit es im Frühjahr herauskriecht
und dann in einem fort für uns
täglich acht Stunden wächst?

Wer berappt den Weg,
daß er so stur in eine Richtung läuft?
Oder den Erdball,
daß er, zumindest in unserem schiefen Kopf,
sich von Süden nach Norden dreht?

Es muß irgendwo jemand sein,
vielleicht auf der Sonne,
der für das alles
aus der eigenen Tasche
aufkommt,
bzw. sich in Schulden stürzt.

Erbschaft

Unentwegt rollen
aus dem Altertum, dem Mittelalter, all-
gemein der Geschichte, an unsere An-
schrift aufgegeben, immer noch
ganze Züge mit Fehlern an.

Taktische und strategische Fehler,
politische Fehler,
Dummheit aller Art,
Wahnwitz und Quatsch,
geringfügige Schnitzer
oder fundamentale Irrtümer.
Auf allen Gleisen fahren sie ein,
Tag und Nacht, ständig,
bis zur Erschöpfung der Weichensteller,

während wir lachenden Erben
in einem fort bloß abladen
und ihren Empfang quittieren.

Um die Wette

Der Raum, in dem wir uns im Hochsprung
überbieten, ist wie jeder andere Raum
mit einer soliden Decke ausgestattet.

Wir wissen, daß keiner von uns,
und wenn er der Herrgott wär,
über die Decke hinauskommt.
Und zwar der Schwerkraft wegen,
die einen seit ältesten Zeiten
nur nach unten zieht.

Aber wir machen weiter,
vernarrt und verbissen,
denn es waltet ein Genius der Höhe in uns
wie in den fliegenden Fischen
jene Sehnsucht nach wirklichen Flügeln –
da bleibt uns nichts anderes übrig,
Tag und Nacht springen wir
gegen die Niedrigkeit unserer Decke
hartnäckig an.

Wer am flinksten ist,
die dressiertesten Muskeln hat
und die Regeln des Aufschwungs
am besten beherrscht,
kriegt auch das meiste aufs Dach.

Alchemie

Neunundneunzig Elemente,
kommt, gruppiert euch, findet und verbindet euch
zu meinem Glück.

Neunundneunzig Elemente,
die Hälfte meiner Stirn vermach ich euch,
wenn ihr in einer Weise euch zusammentut
– soviel Eisen, soviel Gold, soviel Quecksilber –
daß ich glücklich bin.

Neunundneunzig Elemente,
eure Berechnungen waren falsch.
Was herauskam, war die Weisheit.
Ich will mein Glück.

Neunundneunzig Elemente,
ich pfeif auf diese Enttäuschungen
in der Form eines Sterns, eines Weibs, ei-
ner Jugend und anderer Ideen –
gebt mir mein Glück.

Neunundneunzig Elemente,
die ihr mich ausmacht.
Seht, ich feure
noch einen Tag
und noch ein Jahr
und noch ein Stück von meinem Leben
unter den Kolben, in dem ihr brodelt . . .

Eine Frau
steigt auf einen Baum,
und der Mann hält ihr mit beiden Händen
die Leiter.

Ein Vogel fliegt
am Himmel,
und ein Kind hält ihm
die Luft.

Am Himmel geht ein Stern auf,
und die Erde
hält ihm den Himmel.

Ein Tag

Du schläfst, die Hände unters müde
Gewissen geschoben, den Kopf in einem
Papierkorb, wo es die ganze Nacht ent-
setzlich laut raschelt und wispert –
zum Teufel, leben wir noch immer im Wald?
Hör nur wie der Wind unter meinem Kopf
durch die Blätter in diesem Korb fährt, mein
Gott, sind wir noch so weit
von der Zivilisation?

Und nun trittst du früh auf die Straße,
und wie klar ist alles,
heiter sticht der Spaten
im Blumenbeet am grünen Streifen
die Würmer in Stücke, die sich so-
fort in allen Richtungen zur Arbeit begeben
und kaum noch Zeit finden, ein Danke-
sehr zu schreien für diese
frühmorgendliche Vermehrung.

Bis dich dann langsam ein ziehender Schmerz
wie eine riesige Wäscheklammer
beim Schlafittchen packt
und beutelt und einfach zu den
anderen Toten der Geschichte
an die Sonne zum Trocknen hängt.

Verzwickt

Die Natur hat eine ziemlich verzwickte Handschrift.
Ein paar Seiten habe ich entziffern können,
bloß beim Abschreiben schluderte ich
mit meiner unmöglichen Klaue.

Das *a* gleicht dem *o*,
das *o* dem *z*,
dies einem *t*
und alles dem *g*.

Ihr braucht aber nicht zu erschrecken,
die Ähnlichkeit ist oberflächlich,
so wie die Wörter, wenn wir klein sind,
das Gleiche bedeuten, nämlich Mamma.

Lernt jeden Buchstaben einzeln,
dann die Buchstaben, mit denen er ver-
wechselt werden kann,
dann alle Wörter, in denen
jene Buchstaben vorkommen.

Doch letzten Endes
wer zwingt euch,
in meinen Zeilen
Wörter zu finden?
Ich war ein Maler,
und dies hier sind nichts als ein paar
Faltenstudien
von meiner Stirn.

Evolution

Schon auf dem Einband dieser Geschichte
pflügte ich rund um mein Haus das Feld
ziemlich pausenlos und mit allerlei Arten von
Pflügen, die ich nach und nach perfektio-
niert habe, immer auch darauf bedacht, daß
unter den ackerbezogenen Getreidesorten
kein Grund zur Panik entstünde.

Jetzt pflüge ich mit mir selber
(so weit bin ich mit der Perfektion der
Werkzeuge gekommen) das Magnetfeld, das mich
umgibt (so weit bin ich mit der Per-
fektion des Ackers gekommen).

Ich stehe mit den Hühnern auf
und schufte den ganzen Tag mit hoch-
gekrempelten Ideen, säe die
Saat und fächle ihr Wärme zu,
damit sie aufgeht,
und fächle ihr Wind zu,
damit sie in Bewegung bleibt,
und folge den Wolken aus großer Entfernung.

Den ganzen Tag schufte ich mit hochgekrempelten
Ärmeln und bin glücklich auf meinem Magnetfeld.

Die Festung

Eine nahezu grandiose Festung bin ich.
Die ich dann jeden Morgen
bis auf den letzten Stein
wieder einnehmen muß.

Voller Haß
schleiche ich mich an
und beginne unter allerhand Täuschungs-
manövern die Mauern hochzuklettern,
schlag mir die Kniescheiben wund
und spucke Gift und Galle.

Wenn ich oben bin, bin ich kaputt,
aber unermüdlich trutzig:

Bis tief in die Nacht hinein
bekriege ich mich, den von gestern,
mit dicken Steinen
und kochendem Pech.

Auf der Suche nach einem Bild von Hegel

Ich habe noch nie
ein Bild von Hegel gesehen;
immer war er in meinen Büchern
gerade nicht abgebildet.

Doch wie ich höre,
soll nicht weit von hier
in einem Antiquariat
eine Photographie von ihm existieren,
auf der er, im Begriffe
sich über alle philosophischen Systeme
hinwegzusetzen,
wie eine Seidenraupe aussieht,
die an Maulbeerblättern nagt.

Das muß sehr ungewöhnlich und schön sein,
elektrisierend,
fast menschlich.

Einmal wenn ich Zeit habe,
werde ich dort vorbeigehn,
werde höflich alle Zitate ersuchen,
mich mit Hegel alleinzulassen –
und ihn mir wortlos
ein paar Minuten
dann ansehn.

Andere Dimensionen

Weder kann Zeit vorhanden sein,
noch ist sie es – nein,
sie passiert in einer
zeitleeren Flaute
a conto einer Zeit,
die eventuell kommt.

Ein Zappeln auf Kreditbasis.
Fische auf dem Trockenen,
in Erwartung einer nächsten Flut.

Daher auch die Wahrscheinlichkeit des Todes.
Die Anleihe rächt sich.
Die Welt beruht auf nichtvorhandener Zeit,
und die Möglichkeit, dies Loch zu
stopfen, ist ziemlich ungewiß.

Wie die Geschichte:
ein kolossaler Konsum an Sekunden,
ohne Rücklagen.

So erklärt sich auch die wachsende Nervosi-
tät von der Antike bis heute:
ein ständig steigender Kreditbedarf
(man kann nicht ewig
sich was pumpen, nicht mal wenn es
das gar nicht gibt).

Und unser Leben:
anfangs noch unbekümmert, dann immer
fassungsloser,
weil nicht ein Fitzelchen Zeit vorhanden ist.

Man sollte sich nach anderen Dimensionen
umschaun.

Abschnitt

Ich werde dich langsam
nach Norden vergessen
und du mich
nach Süden.

Als ersten Punkt ver-
gesse ich deine Seele,
das geht in
nicht mal drei Tagen.

Etwas länger brauchen
der Duft deines Haars
und die höchste Tarnung
der Materie
in Wimperngestalt.

Du wirst es vielleicht
umgekehrt machen
und dich am schwersten von
deiner Vergangenheit trennen,
die wie ein Fähnchen
geblümt ist.

Wir werden uns jedenfalls
beide schön vergessen.

Dann einer den anderen.

Das Licht

Am Himmel ist es schon taghell –
aber die Engel
trinken noch immer
aus ihren Pokalen
Bariumbrei.

Deutlich erkennt man, wie bei jedem Schluck
sich die luftigen Seelen ausdehnen,
während die dunkleren Partien
sich als Gestirne entpuppen,
mit Büffeln und mit Magiern
und in den Sielen hängend
zwischen Auf- und Untergängen.

Wunderbare Verfinsterungen!
Wie ein historischer Spitzenkragen,
aus welchem vielleicht bald
ein genialer Schädel
erscheint.

Jetzt könnte ich dir
im Bauch dieser Engel
den Kreislauf unserer Kinder zeigen.

Vorwände

Kinder sind verführerische Vorwände
für Liebe,
wie für das Jetzt
jene Zukunft.

Berge und Bäume sind die Vorwände,
einmal allein sein zu dürfen.

Natürlich nur sonntags,
wenn alle Frauen auf einmal
sehr rund um die Hüften
und Brüste sind.

Der Schreiber

Hier dieser Unbekannte
war einmal ein berühmter Schreiber:
überdurchschnittlich stark
haben an seinem rechten Arm
die Sehnen auf den Knochen gedrückt,
beachten Sie die Vertiefung.

Alle bekannten Gewerbe des Altertums,
miteinbegriffen die Weissagung eines
kommenden leuchtenden Mittelalters,
haben auf den Gebeinen der Leute
spezifische Spuren hinterlassen –
keines jedoch
diese Vertiefung.

Der Tote war außergewöhnlich seriös,
er schrieb den ganzen antiken Tag,
oft bucklig in seine Gesichte vertieft,
auch nachts schrieb er,
niemand weiß was,
denn ringsum fand man davon nichts.

Wichtig aber, wie gesagt, diese Vertiefung
im rechten Unterarm;
sie hält seit Jahrhunderten an
und weist mit solcher Präzision
auf die Kunst des Schreibens,
daß jede weitere Grabung
hier überflüssig ist.

Karneval

Bäumchen, wie du auch heißen magst,
laß uns ein paar Gedanken tauschen.
Wechsle ein paar Gedanken mit mir
und bitte auch deine Blätter.
Die will ich mir an die Hände stecken,
an die Augen und an die Stirn.

Am Ende wird es noch
ein schöner Abschiedsball,
alle tragen ihre Sonntagsmasken.
Bloß ich komm einfach
als grünes Bäumchen.

Waschtag

Irgendwo wird Wäsche getrocknet,
ich spür es an meinem Herzklopfen,
eine alte Empfindung.

Vielleicht auf einem anderen Stern,
vielleicht auf der Sonne,
vielleicht haben ein paar Staub-
teilchen sich ausgezogen
und hängen am Mondlicht
zum Trocknen.

Ein kühler Wrasen
zieht durch meine Knochen.

Schneidend, wie ein Schmerz,
weht der
weltweite Saubermacher.

Der Doppelgänger

Nacht für Nacht trägt jemand meine Kleider
und führt sie aus.
Am Morgen ist an den Schuhen
immer frischer Morast.
Wer gleicht mir so in Gang und Statur?

Neuerdings pflegt er
sogar meine Gedanken zu tragen.
Nie sind sie, wenn ich aufwache,
dort wo sie waren.

Sind abgenützt, müde, haben
Ringe unter den Augen, man
sieht es ihnen an, jemand
hat die ganze Nacht
mit ihnen gedacht.

Wem paßt meine Seele so auf den Leib?

Spielend
ist mein Ball,
den ich euch zuwarf,
über die paar Schritte hinaus
stets hundert Kilometer weit
geflogen.

Weil ihr dachtet, ich spiele,
seid ihr keuchend
die hundert Kilometer gelaufen

und meint nun, das sind
ein paar Schritte.

Der Wind

Er sammelt Papier,
bündelt es, schnürt es zusammen,
rotes, blaues, grünes Papier,
beschriebenes, und
mit Reißnägeln dran.

Bückt sich unterwegs
über Bücher,
ein Leben lang,
mein Gott, wieviel Papier!
Wieviel Lumpen!

Er sammelt es,
bündelt es, schnürt es
Tag für Tag, ein Leben lang –
»Was fängst du damit an?«
»Nichts, ich werf es weg.«

Reminiszenzen

Beim Anblick von Wolken
werden wir an Schäfchen erinnert.
Der Wolf im Zoologiebuch
sträubt uns das Haar.

Mitunter überfällt uns ein Heimweh
nach den Bergen und ist dann so groß,
daß aus dem Schreibtisch
Gras wächst.

Das sind Briefe
an die alte Adresse,
immer noch an den Schäfer,
der unmerklich
die Herde verlor.

Die Schnecke

Die Augen mit Wachs verklebt,
blickt sie
mit eingezogenen Hörnern
angestrengt
in sich.

Über ihr
wölbt sich
das Schneckenhaus,
ihr perfektes Werk,
das sie anödet.

Ringsum
ist die Welt,
diese restliche Welt,
mal so und mal so angeordnet
nach irgendwasfür Gesetzen,
die sie anöden.

Doch im Mittelpunkt
der allseits öden Öde
ödet vornehmlich
sie,
die Schnecke,
sich an.
Eine öde Angelegenheit,
wie sie findet.

Der Mann mit der Lupe

Hinter dem Mann mit der Lupe
blieb eine Wüste zurück, und
das betrübte ihn
in zunehmendem Maße.

Da kam ihm der Gedanke,
die Lupe auf die Straße zu richten,
auf der er ging.
Erstaunt sah er,
daß sie nicht echt war,
die echte Straße
war irgendwo weit hinten.

Er betrachtete die Stadt, es war nicht die Stadt,
auch die Bäume waren nicht die Bäume,
er selber schien zu weinen.

Schluchzend und am ganzen Leib
zitternd (außer der Hand mit dem
scheußlichen Instrument) ging er,
plötzlich sehr alt, dann weiter
und setzte seine Auflösung fort.

Erde

Erde und Himmel sind Erde;
auch die Atmosphäre ist Erde,
nämlich Erdatmosphäre;
in den Traufen der Schwerkraft
fließt Erde als Regen zur Erde;
Ikarus, aus Erde, und
Meister Manole, aus Erde,
fallen vom Dach der Erde zur
Erde; Schwerkraft ist Erde.

Wir leben in Erde.

Werden schwerer mit der Zeit;
unsere Stirnen sinken
mehr und mehr in die Erde.

Es gibt auch keinen Tod.
Weil es einerlei ist, wo man ist;
etwas näher den Wolken, in Erde,
etwas näher dem Schweigen, in Erde.

Eine Zange

Beim Nachbarn rumort eine Zange in der Wand,
keine Ahnung, was dort im Gang ist,
man hört bloß das Zuschnappen einer Zange,
dann schreit und schreit ein Kind.

Neben dem Bahngleis werden der Akazie
die Blätter einzeln mit der Zange gezogen,
kleine staubige Farbdrucke,
ein Specht zieht Rostmaden, ganze Züge,
aus dem Bahnkörper.

Eine Zange packt die Augäpfel
und preßt das Licht, es zerfließt.
Das Wimmern eines Tümpels,
wenn der Algenteppich zuwächst.

Wie Stifte werden Blutstropfen
aus einem Leib gewunden, der an Knochen hängt.
Die Nüsse in den Lüften scheppern,
taub ist da die feurige Süße, wurm-
stichig, schimmelpelzig schon im Kern
wie das Magma, das angebliche, unten,
das längst nur noch Asche gebiert.

Doch vom Nachbarn hier bis Hausnummer Un-
endlich dort rumort die Zange.

Da klopft sie, da zieht sie, da packt sie,
wahllos, planlos, kopflos.
Die ganze liebe Zeit repariert sie
wie verrückt an diesem Universum.

Jeder

Die Alten und die Toten
sind anregend,
ein belebender Anblick:
Sie sind alt, du nicht,
sie führen das Totsein durch,
nicht du.

Die meisten Kinder
werden nach plötzlichen Fällen
grausamen Todes
in die Wege geleitet;
nach dem Begräbnis
irgendwelcher Leute
überfällt die Liebespaare
ein irrer Wunsch,
am Leben zu sein.

Und wenn niemand
von uns geht,
blicken die Menschen besorgt zum Himmel.
Fällt dort ein Stern, dann
heißt das, sie können
ruhig zu Bett gehn.

Wer ist wohl bei meiner Geburt
gestorben? – das frage sich jetzt
jeder.

Ein Halm

Seine Jugend hat er
in einem Strohsack verbracht.
Damals glaubte er in der Welt
an eine einzige Ausdehnung:
den Druck.

Er lastete täglich auf ihm
mit einer Kraft, die genau der
Verzweiflung entsprach – könnt ihr euch das
überhaupt vorstellen, die ihr
nicht in einem Strohsack
aufgewachsen seid?

Nun, jetzt läßt er sich treiben,
die Nächte sind leicht
wie die Tage,
kein Stäubchen setzt sich auch nur
für eine kurze Siesta auf ihn.

Er ist beinah kein Halm mehr,
eher eine Flaumfeder, eine Flocke
von der Schulter jenes Engels,
der einst sein Strohsacknachbar war –
so leicht fühlt er sich.

Mitunter glaubt er zu spüren,
daß letzten Endes auch die Luft
nur ein etwas blauerer Strohsack ist,
auf dem der Hauswirt schnarcht.

Das Kamel

Wie oft war das Kamel
um ein Haar
drauf und dran,
durchs Nadelöhr zu gehen!
Wie oft schon war es
auf dem besten Sog
in diese gefährlichen
Tiefen!

Nun trottet es über ein
ganzes Flachland von Nadeln.
Seelenruhig tritt es in
Stachel-, Spitzen-, Reißzwecknadeln,
neuartige Nagelnadeln,
nichts als Nadeln –
nur noch der Nase nach,
und seinem Durst.
Ein weises Kamel.
Das uns auf dem Rücken trägt
wie wir die Wüste in uns.

Husten

Immer bei meinen schönsten Sätzen
mußtest du husten,
alte Giftspinne.

Meine Repliken waren der Schlüssel
des ganzen Spektakels;
jahrelang, fieberhaft
hatte ich sie geprobt,
die Leute erwarteten sie, hiel-
ten den Atem an, e-
norm sollte die Wirkung sein –
da, gerade da
mußtest du husten,
alte Giftspinne.

Fehltest du
zufällig einmal,
so hustete prompt
dein leerer Stuhl.

Jetzt hast du mir den
ganzen Saal angesteckt,
das Stück ist ein einziges
Keuchstück.

Hustet, Leute,
hustet euch heiser, rasselt, sägt, röhrt
pizzicato und in Salven, trocken und feucht,
hustet Tonleitern, hustet wie beim Arzt,
ach, hustet!

Ihr glaubt, ich spreche die Rolle für euch,
habt den Eindruck, ich sähe euch an.
Dabei betrachte ich über eure Köpfe hinweg
das rote Lämpchen am Ausgang.
Zu ihm spreche ich.
Ihm trage ich meine nächtelang gebüffelte Seele vor.
Es zeigt die Stelle, wo, wenn es aus ist,
ihr einmal den Saal verlassen müßt.

Die Grotte

Da drinnen zirku-
lieren die Gerüchte,
ich hätte dich gerufen,
du hättest mich gerufen.

Unsere Wörter hätten sich getroffen
oder für ewig verpaßt, wer weiß noch
welches die Frage und
welches die Antwort war?

Wir hatten Schreie
ins Weltall geschickt –
jetzt belauern die Worte
und jagen sich
unter Fledermäusen, ver-
mengt mit den Gängen im Stein
und den Höhlen des Wassers,
unaufhörlich wächst das Getöse ...
Mal sehn,
was am Ende
herauskommt.

Grünes Blatt

Lieber Wald,
gib mir bitte ein Blatt von oben
für Licht und für Jugend
und für das Leben ohne Tod.

Lieber Wald,
gib mir bitte ein Blatt von unten
für Dunkelheit und für Alter
und für den Tod ohne Wiederleben.

Wir haben uns die Seelen
auf Blätter geschrieben . . .
Lieber Wald,
bitte gib mir alle deine Blätter,
daß ich auf ihnen musiziere.

Oder musiziere doch lieber du
auch auf meiner Seele.

Heiligenmalerei

Die Maler des Mittelalters
durften nur Heilige malen,
Heilige zu Fuß,
Heilige zu Pferde,
Heilige den Drachen tötend.

Ihre Augen lechzten nach Menschen.
Welche sie betrachten, aber
nicht abbilden durften.

Verzweifelt warteten sie darauf,
daß eines Tages sich
in ihrer Stirn
eigens ein Auge für Heilige
öffne.

II Klaviatur

Abendrot Nr. 21

Anfangs noch wabernd, ein Batzen
konzentrisches Feuer, dann ein Warzengebilde.
Abendrot Nr. 21 erinnert weder an Nr. 20
noch an Nr. 3001.
Was wir da alles gesehen haben …
Ja, viele Sonnenuntergänge sind mir
noch im Ohr …

Genau. Ich pflege nämlich
Sonnenuntergänge zu hören.
Und numeriere sie – jeder
hat eine andere Tonart. Zum
Beispiel dieses seltene Grün, das eben
auf des Berges Schneide ins Klingen gerät.
Wer klopft dort mit dem Knie an die Sonne
und treibt sie ins Erdreich?

Kinder, lauter kleine Pinguine,
pilgern zur Schaukel.
Ihr paradiesisches Alter
nähert sie der Natur, sie weinen
wenn man sie in Kleider steckt.
Auch ich möchte schaukeln,
aber meine Vorstellungen
sind nicht mehr jene.
»Vielleicht kommen sie noch.«
»Gewiß, mit der Zeit, du mußt nur
ziemlich lange bei mir bleiben
und mich schubsen. Nur mit dir

möchte ich klein werden und wieder lallen,
gib mir die Brust.«
»Schäm dich!« Na hör mal – dort geht die
Sonne unter, ein Untergang voller
Hutschen und Quietschen, die Kinderschaukel in uns.
Welch ein Unterschied zu Nr. 20!
Eine andere Tonart. Da hat sich jemand
viel Mühe gemacht.

Kalt, kälter ...

I

Ich friere, gib mir bitte noch einen Windstoß.
Ich hasse dich, ich hasse mich, egal.
Richtig bemerkt, darüber sollten wir uns unterhalten.
Natürlich würden wir am liebsten aus dem
Fenster springen – bloß um uns loszusein! Der
Frust jedoch, der nicht aus seiner Haut kann,
                                        reibt uns
in seiner Zwickmühle auf, am laufenden Bach,
nein, am rauschenden Bach, nein, nicht am
rauschenden Band sondern im kühlen Grund, ja die
archaischen Zeiten. Da konnte man noch richtig
nach Herzenslust den Anker werfen, Mühlräder aus-
packen, die Steine laufen lassen.
Waren es Windmühlen oder Wassermühlen?

Kommen wir zum Kompott.
Wir waren also von der Unlust ausgegangen, oder?
Hatten wir das nötig?
Hattest du das nötig; ich war bester Laune –
bis zur Mühle am Bach. Du wolltest hin, jetzt
hast du mich dort, weshalb? Wegen der
Natur; du solltest mal fühlen, wie das
Wasser in den Schaufeln quirlt – so rasch,
ein so quirliges Mischmasch, schon hast du auch das
Mehl an den Fingern. (Noch ein Löffelchen?
Sie ist weiterhin verstimmt). »Ach, Birnen?«
Also in Botanik bist du eine Niete. Ich
bin in Gedanken beim Rad an dieser

Mühle, bei den Steinen, die wetzen.
Eine ganze Stunde hab ich dir geraubt.
Du mir ebenfalls. Aber deine mußte ich
zerreißen; in gewissen Augenblicken
bin ich ein beißender Hund.

Dies ist Musik in meinen Ohren. Die reinste
Sphärenmusik! »Wie die Sphären, so die Musik.«
Bitte, schon hört sie auf. Schluß mit der Sphären-
musik?, fragst du erschrocken. Was
hatten doch im Altertum die Leute
für eine blühende Vorstellungskraft! Schlos-
sen die Sphären an – und die Musik war da. Die
Erfindung des Plattenspielers, weißt du,
bevor es ihn gab, avant la lettre, sozu-
sagen dem Kosmos den Dreh abgeguckt.
Wenn man sich liebte, ließ man ihn laufen.
Liebe beim Tschin-Tschin der Sterne,
zum Tamburin des Mondes, den
Pfeifen des Mars, den Zymbeln der Venus und
weißgottwasfür Zupfgeigen – und stellte
dabei fest, daß ein Planet noch fehlte ...
Hände, Lippen, Küsse – nie ging die Rechnung
auf. Bis daß man auch die kleineren Be-
standteile entdeckte, die himmlisch klei-
neren, die himmlisch größeren, wie man
sie halt zum Kindermachen brauchte.

Donnerwetter, es donnert. Dann fällt die Sache
eben ins Wasser. Was denn? Der Sonnenschein.
Schlafen wir also ... Gut daß es draußen donnert,
es hat ein Jahr lang nicht geregnet. Wir be-

finden uns auf einer Durststrecke – niemand
darf erfahren, wann genau die Sache losgeht.
Nein, denk jetzt bitte nicht an 1947.
Damals waren wir klein.
Du vielleicht, mich gab es nicht.
Stimmt, du bist erst auf mein Zeichen hin
erschienen: »Auf, auf, ihr Schlafmützen!
An die Arbeit! Die Sphärenmusik wartet!
Ich warte schon die ganze Zeit aufs Morgenrot.«

II

Unwillkürlich denk ich bei »Morgenrot« an Gummi-
bälle und Katzenpfoten, assoziiere Kindliches,
Freundliches, Kühles. Du
wunderst dich? Gestatte, es sind
meine Vorstellungen, und mit Klischees
kannst du mich jagen. Schau,
deine Brüste sind wie zwei Sonnenaufgänge zugleich
(jetzt wirst du rot und bedeckst sie
mit dem Horizont).
Oh, dieser Bettenhorizont!
Echte Wolle? Klar, chinesische. Die
schummeln nicht. Aber du, warum bist du
in letzter Zeit so nervös?
Oh, kein Grund. Höchstens diese eine Lücke ...
Ich finde deinen Lebenslauf ganz gut. Ein bißchen
oberflächlich. Zu kurz gefaßt. Immerhin, mich
rührt die Einfachheit. Mir ist
dabei kalt geworden.
Warum verstehen die Menschen sich nicht? Du
verdienst glücklich zu sein. Du bist

wunderbar. Genau, da ist der Haken.
Dann ist es eben umgekehrt:
nur wer's verdient, wird glücklich,
wer nicht, der nicht. Gute Menschen
haben Glück. Au weh. Was hast du? Nichts,
ich meinte bloß O.K.
Du denkst zu laut, du erschreckst mich.
Bis hinauf ins Blaue soll man's hören.
Keine Angst, man hört es, jemand hört alles
durch die Tapeten, durch die Eheringe,
durch die Gardinen.

Zutiefst abstrakt

Zutiefst abstrakt liegt morgens zwischen
Sieben und halb Acht der Nebel auf dem Gehirn;
nur langsam kriegt er menschlichere Züge,
lichtet sich, aus dem
Chaos treten Formen wie nach einer Me-
lodie ... nanu, was ist das? »Weiß der Himmel!«

Und schon sind wir in diesen Aggregatzustand
geschlüpft, er sitzt wie angegossen, ein
kleiner Schauer, »Engel-Regen« –
und in die Wörter sickert es wie Rauch.
Die Seele.
Hohlräume, Rhomben und Rhomben,
Waben für diesen Rauch.
Rauch unser Honig.
Die Wabenbildung, mußt du wissen, setzt eine Me-
lodie voraus, an welche ihrerseits die
Seele rührt, die sie vollkommener macht, sozu-
sagen geometrisch ... »Läßt also deren Na-
se an Kristallen schnuppern« ...
»Mensch, was für ein Abstraktionsvermögen«.

Ja, ich habe dich vermißt, dein Leitbild, abge-
zielt im leeren Raum, und »darin prangend«
dich – wie dem auch sei, du hast mir einfach
so wie du bist und überhaupt gefehlt; eine
Gewohnheitssache; denn immer
wenn ich mich in deiner Vorstellung bewegte,
schien mir der bloße Äther dicht und schön.
»Ästhetik des bestirnten Himmels«.

Verstehst du jetzt, weshalb Liebesgedichte
nur starrend vor Künstlichkeit
schön sind. »Wie am ersten Tag«.
Und wieder und wieder anfangen.
»Wem sagst du das!« Dir. Allen und jedem.
Ach wem schon.

Fastenzauber

Wieder Freitag; wieder mag ich kein Fleisch.
Höchstens ein wenig Lachs. Lachs ist zum Kotzen.
Einen Campari?
Du weißt, mein Magen spielt verrückt.
Dir fehlt nichts. Außer einer leichten
Hypochondrie.
Des Magens? Nein, des Kopfes – aber sie
schlägt sich
auf den Magen, sobald du das Wetter
bloß husten hörst.

Ja, ich reagiere sehr empfindlich auf die Metamorphosen des Tages; jede Stunde zerrt
auf eine ganz bestimmte Weise
an einem ganz bestimmten Nerv.
Hinzu kommt meine Sensibilität gegen alles Geschriebene – in den Zeitungen, an den
Fensterscheiben, auf dem Asphalt.
Bitte, jetzt verarzten wir uns gegenseitig.
Magst du Joghurt – hier hast du Joghurt,
leg mal 'ne Pause ein
als Vorspeise auf unsere alten Tage.
Wie beim Boxkampf: zwischen den Runden die
Brotzeit.
Aber nicht Joghurt!
Egal, was Gesundes, Alkoholfreies,
um in Hochform zu sein, wenn es Fäuste hagelt.
Demnach sitzt die Infektion
im Speisetrakt? »Nein, im Gehör.«

Dann brauche ich jetzt aber
sofort was um die Ohren –
komm an den Herd und wickle mich ein,
sag doch ein Zauberwort.

Die Unbekannte

Die Inspiration, gewissermaßen, erfolgt durch
Eingebung –
eines Programms: du wirst zum Roboter.
Nun hängt vieles vom Programmierer ab.
Meine Roboter-Anlage ist längst auf
deine Daten eingespielt; sie ver-
arbeitet dein Dasein, zwar mechanisch, doch
fast hungrig auf die Weitergabe kleinster Details;
ja, deine Informationen konditionieren mich
je nach dem Problem.
Was für ein Problem? Der Unbekannten. Du hast
eine, ich hab eine – zusammen macht das eine
Gleichung mit zweihundert Unbekannten, von denen
zwei sich allerdings kaum kennen, doch
miteinander irgendwie befaßt sind.
»Dazu noch hundert Kiebitze, die uns alle
lösen wollen.«
Apropos, wußtest du, daß jemand kürzlich
die einmilliardste Tiergattung beschrieben hat?
Die Zoologie kommt vorwärts, der Mensch bleibt
ein Geheimnis.
Ich zum Beispiel. Du zum Beispiel.
Du bist ein Rätsel für mich,
bis zu einem gewissen Punkt,
in dem ich Klarheit kriege – und mich beruhigen
kann;
doch dann beginnt es wieder, wächst und wächst . . .
Sag, woher zum Teufel kommt
die Zuwachsrate an Geheimnis

im Zusammenhang mit dir? Ja, wie
speicherst du dies Zeug?
Das frage ich mich auch –
wo nimmst du deine Zaubertricks her?
(Es könnte ja für Zaubermittel eine Apotheke geben,
besser gesagt für Mittel gegen solche Zauberei)
... und ich brenne vor Ungeduld, das Rätsel
zu lösen.
Bin wie ein Stück Metall
auf dem Siedepunkt. Was Petrarca in den
Sonetten sagt,
ist teilweise richtig, nur der Reim zu glatt;
mein Gefühl für dich, hingegen,
sprengt, wenn es ausbricht, jedes Raster, reißt
auf, wirft um, ist ein auf zunehmendem Interesse
beruhendes Gefühl – wie bei den Gezeiten das
Interesse des Meeres am Mond.
»Wer hat schon Gezeiten? Haben die Flüsse
etwa Gezeiten?«
Nein, aber sie nagen; und zwar
an einem Ufer mehr als am anderen.

Komm wir wollen dem Regen zusehn, wie er
auf meine Gedanken etwas stärker eindrischt
als auf deine, denn
dich beschützt ja die Natur.
»Nichts haben wir geklärt.« Wieso, ich mag
dich wie du
aussiehst. Nicht was du trägst, sondern wie
du es tust.
Ha ha, bis du zum Ausgehn endlich her-
gerichtet bist, vergeht einem die Lust.

Ich glaube fast, mir ist jetzt nach was
anderem zumute.
Komm, wir spielen Blindekuh! Nach deinen Regeln
darf ich zwar nicht hinsehen, aber
wie kann ich unverbundenen Auges
nicht hinsehen,
da ich dich liebe, nicht achte.

Auf die Zeichen im Äther

Nur keine schrillen Töne jetzt,
mehr Würde, wenn ich bitten darf...
Kannst du nie schweigen? Du weißt,
wie allergisch ich bin, immer krieg ich
solche Sterne auf der Haut
und am Himmel diese weißen Flecken,
besonders nachts. Auf der Haut –
oder am Himmel? So ist es, ich reagiere
allergisch auf nicht erfüllte Dinge.
Bei Zola gibt es den Ausdruck »Ge-
nius des Ungesättigten«.
Na und?
Ich sagte, es kommen Tage des Elends.
Es ist Frühling.
Frühling mit Elend, wie reimt sich das?
Ach, so allerhand liegt in der Luft.

Als Instrument bin ich in Ordnung,
doch wenn die Fingersätze flöten gehn...
Magst du diesen Senf?
Eine prachtvolle Farbe.
Warum gießt du ständig nach?
Ich habe schon zwei Mal geniest,
sag doch hin und wieder »Prosit« –
mal wenn du trinkst, mal wenn ich niese.
Na dann Prosit! Auf die Zeichen im Äther.

Verheerende Wirkung

»Mich hat überhaupt nichts heimgesucht;
bei diesem Frost war ich total blockiert.«
»Dein Kimono ist dafür toll. Was für
Blumen sind das?« »Stilisierte.«
»Und wer hat dich so stilisiert?«
»Wer weiß.«

Falsch angepackt – ich bin mit meinen Er-
kundungen in ein hochexplosives Gelände geraten.
Beide gleichen wir jetzt Minenfeldern,
die aneinander grenzen und gleichzeitig, sehr
vorsichtig, einander abtasten, »sich strei-
cheln«, nach einer höheren Ortes ausge-
tüftelten Landkarte (deswegen ist sie auch
geheim – niemand darf sie lüften).
Ja, sie liegt auf der Haut.

Unter jedem Finger kann Verheerendes hochgehn.
So als seien Klaviertasten unterwegs, ein
Spähtrupp mit dem Auftrag, hier und dort, auf
Verdacht, mal anzutippen – das macht Musike,
jagt aber auch Brücken in die Luft, ganze
Konvois, voran die Blaskapelle, ganze Straßen-
züge. Mit einer solchen Taste kannst du
jedes Gebäude im Handumdrehen knacken – es
kommt
allein auf den Akkord und seine Orchestrierung an.
Und da wir diesen Punkt nun mal berühren . . .
»Welchen?«

Klaviere, Flügel, Orgeln, Cembalos, die Klimperdinger für die Kinder, kurz alles, was mit
Tasten funktioniert: Du darfst wählen.
Wähle dir ein Instrument, verleg dich drauf
für eine Weile, schließ die Augen, ich will
sehen wie es klingt.

Dein Klangkörper ist einzigartig.
Die Klaviatur nicht minder.

Resonanzkörper

Die Klaviatur auf deinem Körper ist einzigartig.
Sie widerhallt in meiner nie begangenen Höhle,
davor ein Felsblock, der ihr den Mund verschließt –
und angeschmiedet, dort, Prometheus (ja,
es muß Prometheus sein), denn mir wird heiß,
der Verurteilte schreit: »Feuer! Feuer!«, und
ich höre einen Löschzug anrücken: »Wo brennt's? Wo
brennt's?« und weiterfahren, denn Leberbrände
entziehen sich der Kompetenz.

Hier innen aber, hinter dem schmerzenden Vorhang,
bin ich, d. h. die Projektion, gewissermaßen, jenes
Äußeren ... kannst du mir folgen, oder ist es
zu kompliziert für dich? ... Der an den Fels
Geschlagene, der in den Ketten, das bin (be-
ziehungsweise ist) nämlich kein anderer als
eben ich ... Deine Ahnungslosigkeit hat mich ent-
zweigerissen, gespalten ... Und in der Höhle sitzt
mein Double, der Schneemensch, ha, hermetisch
abgedichtet, aber (und davon gingen wir ja aus):
die Klaviatur deines Körpers dringt dennoch zu ihm
durch, und dann
renne, Kopf, gegen die Wand,
lausche, Ohr, an Zapfen und Stalaktiten (der
Ausübende bin jetzt ich), um in dieser
Finsternis doch möglichst
alles mitzukriegen, was du äußerst (nun
bist du gemeint), was du denkst, wie du
dich bewegst – umsonst, ich

kann den Ton in deinen Fasern
nicht lauter stellen.

Stille. Innen zehre ich vom Eis,
außen verzehren mich die Flammen.

Und dann auf einmal doch wieder
du, dein gottvolles Klimpern, die Klaviatur der
Rippen, der Resonanzboden, die silbernen
Glöckchen und irgendwo ein Schlagzeug . . .

Nur ändert das überhaupt nichts,
weder in der Höhle, noch auf dem
Felsen davor, auf dem ich verdurste.
Und ich berichte dies bloß,
um dir gewisse Empfindungen,
die vermutlich sehr alt sind,
verständlich zu machen.
Du hast keine Ahnung, wie stark die Gefühle
und wie klassisch die Gedanken sind,
die du im Grunde so auslöst . . .

Abendrot Nr. 15

Lustlos hängt mein Ohr herum,
wenn es dich nicht hört.
Wo du nicht bist, wird die Musik zum Lärm
(eine Zeile wie für ein Sonett – heb sie auf;
umsonst, ich komme nun mal von der Tradition
nicht los; in mir steckt ein Klassiker, der mitmischt)
und alles zum Gebet, das einer trällert,
während andere drauf tanzen.

Wir sind bloß Abgefallene des Achten Tages.
»Des Montags?« Nein, eines von uns er-
fundenen Tages: Wir ziehn die Woche in die
Länge, so
daß ein Tag gewonnen wird. Liebe streckt und
weitet,
wußtest du das nicht? Die Zeit, den Raum,
alles dehnt sie aus. Sobald wir uns ein wenig
lieben, rundet und baucht sich vor Liebe
die ganze Erde, Krethi und Plethi, ano-
nym und rundherum – ein wunderschöner Ball.
Dann meint das Sonnensystem (oder irgendein an-
deres Mond-, Ring-, Nacht- und Nebelsystem):
»Guck mal, wie das Glück im Universum anschwillt,
ein Glück – denn auf diese Weise werden auch, tat-
sächlich, Laufbahnen korrigiert; sonst wäre diese Erde
bald im Eimer, d. h. in der sterilen Suppe, in der
alles schwimmt.«

Diesen Satz, Wort für Wort,
hörte ich im Anblick einer untergehenden Sonne
wie heute, und wie damals sinkt sie jetzt
wieder, taucht unter Blitzableitern hinweg und
zwängt sich in den Schornstein eines Hauses –
wie du, eng an mich geschmiegt mit einer
Haftschicht, ach
was für Umarmungen!
Man könnte uns als leuchtendes Exempel
in den Äther stellen.

Uns Abgefallene des Achten Tages,
die wir die Zeit aus eigenen Stücken nach uns
strecken,
anstückelnd, wie eine Steppdecke, indem wir
jedes Wochenende diesen einen Tag
aus Resteln und Flicken erfinden, ein wenig
vom Dienstag, da ein Stück Mittwoch, hier was vom
Donnerstag, Freitag – geht klar, und
schon haben wir einen neuen Tag zusammen.
Die Collage eines Tages.
Den es gibt, den es gibt.
Bloß außer uns weiß es niemand.

III Ein kleines Buch

Gepäck

Ein kleines Buch nur
nehm ich mit,
ein kleines schmales
Büchlein
wie ein Blatt,
wie ein Leben.

Der Rücken, fürchte ich,
könnte sonst weh tun,
der Name, der es trägt,
könnte mich drücken.

Du denkst in großen Abständen;
zwischen deinen Gedanken
fallen deine Blätter;

in so großen Abständen denkst du,
daß dort Wälder aufwachsen; eine
Welt von Wäldern; und daß du
nur an ihren beiden Enden noch
in sehr großen Abständen da-
zwischen bist.

Statik

Ans Ufer gezurrt, ein Boot.
Ein Stück Welle, festgepflockt.
Die Hand am Spaten, fühle ich
wie der Sand mich schluckt.

Vage

Dann wird man von dir
nichts Bestimmtes mehr wissen,
du wirst an drei verschiedenen Jahrestagen ge-
boren und an zweien gestorben sein
und in der Spanne zwischen
den zwei letzten Hypothesen
noch ein wenig leben.

Im Wind

Das Grün wechselt das Blut.
Auch eisenhaltige Blätter
gehn ab.

Gewitterzeichen

Hinterm Zaun laden Blitze
die Hühner
mit Elektrizität auf.

Herbst

Eichel fällt ins Laken.
Der scheue Erdball
verspätet sich im Gehölz.

Nostalgie

Vögel, welche nach den warmen Ländern
das Flugzeug nehmen.
Im Herbst kann man ganze Flugzeuge
voll mit Nachtigallen
aufbrechen sehen,
und vor allem mit Laub.

Nebel

Er war so dicht, selbst
wenn du fallen wolltest,
hielt er dich auf den Beinen;
trotzdem, als ginge er bloß
mal nach Hause, starb
hier und dort ein Baum.

Oszillation

Das Magnetfeld wird ständig
von Anomalien durchzuckt.

Selten, nur ganz selten
bleibt zufällig ein Gedanke so
wie du ihn dachtest.
Dann durchzuckt dich, als
stündest du neben deinem
kleinen Sohn, das
Glücksgefühl,
daß er endlich
dir ähnelt.

Wie Schornsteine

Wie Schornsteine,
die signalisieren,
daß die Häuser ihre
Pulsadern durch-
schnitten haben.

Merkwürdig

Merkwürdig, auf dem Mond
gibt es keinen Schweißgeruch!

Sähe ich
von weitem die Erde,
ich würde sie an den
Traufen erkennen:

Strahlen, an denen
der Schweiß unserer Stirnen
abfließt.

Sanduhr

Leere ich mich langsam
oder fülle ich mich?

Die gleiche Sandabgabe,
wie immer
man es wendet.

Vorgang

Langsam geht was
mit mir vor.
Ein Lebenslauf.

IV Turm unter uns

Die beiden Schurken

Auch die beiden Schurken dort
sind wichtig,
der eine hat einen Leuchter geklaut,
der andere einen Ochsen mißhandelt –
nichtsdestotrotz sind auch sie
sehr wichtig.

Seht den großen Räuber
in der Mitte!
Er hat uns die Schau gestohlen,
den Ruhm weggeschnappt.
Ewig wird von ihm geredet.
Wäre er nicht so gut,
wer weiß, vielleicht hätten
auch wir etwas schräger Gekreuzigten
noch ein wenig Platz.

Den
zwecks Sinnfang
entgegenzusetzenden
Daumen.

Tiere
kriegen keine Bedeutung
zu fassen,
ihnen fehlt der
Große
Gegenfinger.

Schau doch nach,
mein geschniegeltes Reh,
was in der Farnfaust
da steckt,
versuch's.

Quicklebendig

Bei den Philosophen
finde ich mein Gleichgewicht;
mit Purzelbäumen komm ich
durch alle Syllogismen.

Es sind die traurigsten Leute,
die ich jemals traf,
sie tun mir richtig leid,
denn allzu gut wissen sie
über alles Bescheid, und
dumm sind sie auch nicht.

Kant, Hegel, Lukrez und
die Nektar trinkenden Griechen
im Gespräch über Essenzen.

Wozu das alles geführt hat,
wenn von der ganzen Philosophie
nur ich zu diesem Zeitpunkt
lebendig bin, zufällig, aber
quicklebendig, ihr könnt mich
ja anfassen.

Der Täter

Gib dir keine Mühe, Autor, der Täter
bin ich. Fabelhaft, wie einfallsreich
du deine Personen verfolgst –
aber umsonst: mit Deduktionen
erreichst du mich nicht.

Ausgeführt werden diese Schießereien,
Verfolgungsjagden und Albträume
doch von mir, der ich bestimmt na-
iver bin als dieser positive Held,
den du ewig aus dem Hut ziehst.

Aus dem einfachen Grund, weil ich es lese.
Aus dem einfachen Grund, weil ich es schreibe.
Deshalb zucke ich so zusammen
und fühle mich ertappt,
wenn die Katze den Globus umwirft.

Maschinen

Eine Maschine zur Selbstentsorgung.
Mit jedem Ruck
entweicht ein Traum,
es ist wie in einem Lichtbad
mit geöffneten Adern,
die so, im Endeffekt,
durch eine Zeitfalte
mit der Antike kommunizieren.

Oh, und erst die Maschinen zur Gedankenabspulung!
Fällt einem nichts mehr ein,
so greift man zur Steckdose.
Manche grapschen einfach nach Brüsten,
jenem Rohstoff nicht umgewandelter Energie.
Bereits im Altertum
eine sehr bewährte Methode.

Andere starren in irgendwelche Schächte
in den Zeitschichten irgendeiner Hand.
Unvernünftig ist das, sehr unvernünftig.
Gibt es doch allerhand Maschinen zum Nachdenken,
zum Daumendrehen, wie zum Zerknüllen des
Papiers,
wenn man zerstreut ist.

Über mein Leben gebeugt,
könnte ich wie in einem Mikroskop
mich dort ohne Sinn und Ziel
deutlich schwimmen sehen.

Halb ärgerlich und halb erstaunt
höbe ich in meinem sturmbewegten
Tropfen ab und zu die Augen:
Wer starrt mich da unentwegt
so voller Haß und Liebe an?

Entfernung

Die Hand wird steifer als
der Körper.
Der Körper steifer als
das Bett.
Das Bett steifer als das Haus.
Das Haus steifer als der Lehmweg.
Der Lehmweg steifer als die Wolke,
die Wolke steifer als der Himmel,
und so weiter, bis
du nicht mehr weißt, wo-
von die Rede war.
Anscheinend ist
genau das
der Tod.

Auch die Luft

Auch die Luft im Wasser
setzt sich ab, bildet
Bläschen. Wirf jetzt
ein Steinchen hinein –
schon beginnt es zu
brodeln: blubb blubb
blubb kocht die
eine Luft
zur übrigen Luft
über.
Wirf noch einen Stein,
mach nur so weiter,
treib mit Steinen
dem Wasser
die Luft aus . . .

Jagdzeit

Der Fisch, der von außen
die Fische frißt,
schluckt sie nach außen;
darum scheinen sie zu leben;
an schwimmenden Gerippen
verwest nur ihr Fleisch.

Der Fisch mit dem sym-
bolisch geschlossenen Maul
ist auf dem Vormarsch;
immer tiefer
schlingt er sich
mit den Flossen
durchs Wasser.

Schreck

Am Fenster stehend
denke ich an den Saturn bis
daß die Gedanken
dort anlangen
und Saturn beginnt
mit ihnen
an mich zu denken.

Widerhaken.
Aus dem Himmel
starrt es mich an.
Erschrecke ich
oder
schrecke ich zurück?

Turm unter uns

Der Turm entspringt im Mittelpunkt der Erde.
Der Turm unter uns bietet viel mehr Sicherheit.
Ein langer Turm – dieser Leib des Ikarus!

An die Decke eines Himmels Geheftete, wir,
den wir immer mehr nach oben stoßen.

Londons Tower

Von Londons Tower
fallen Köpfe
und versinken
in immer früheren Münzen.

Newton entdeckt
das Gesetz der Schwerkraft
und fällt auf einen Gedanken
von mir.

Zumindest Titel

Zumindest Titel solltest du mir
auf die Papyrusrollen schreiben, die wie
geschlossene Wälder hier stehen – versiegelt.
Und besorg mir auch ein paar von jenen
Flaschen, du weißt schon, für unsere
Botschaften ans Tote Meer, auch das
aus fadenscheinigem Salz.

Die Heuschrecken befragen mich
nach meinem Arbeitsverhältnis
und ob ich erst den Urlaub, dann
den Wehrdienst anzutreten ge-
denke. Sie gehören dem Orden
des Heiligen Mauritius an
und können nicht anders.

Kritzle mir wenigstens einen Titel
auf ein Stück Millimeterpapier,
das von den Sternen kommt –
vielleicht pack ich ihn dann,
wenn ich wie ein dummer Bub
durch meine Karos hüpf;
an diesen Titel will ich eine
letzte Zeile hängen
wie einen letzten Goldenen Pantoffel
für den Hochfliegenden Gedanken;
den anderen Hausschuh teile ich
dann mit der Frau, an der ich zur Zeit leide.

Tamtam

Wir hopsen durch den Tropenwald
und packen den Rhythmus nicht.
Vor allem die Pilze. Da wachsen
Schlangen aus dem Hut,
die uns die Zunge recken
und Beifall zischeln.

Oder die jodelnden Farne –
Giftnickel, ein Brennesselgezücht!
Wir freilich, wir tappen
nach jener Musik eines Magischen Auges,
das, wie man uns sagte, hier irgend-
wo sich einmal öffnen soll.

Im Verein mit dem Blattwerk
grassiert ein Wurzel-
werk von Waldanschauungen
auf dem entsprechenden Niveau.
Auch wir grassieren ja und
hinterlassen unsere Fingerspuren
auf den guten Dingen
wie auf den schlechten.

Dies also ist der Tropenwald,
mein lieber Papagei,
und jetzt sprich mir nach:
Einen anderen kann ich
dir nicht zaubern; nimm ihn
a conto deiner bunten Federn
für bare Münze – da hast du ihn!

Was für ein Staub

Was für ein Staub bei dir unterm Bett!
Eben habe ich's mit einem sauberen
Taschentuch geprüft: lauter
Fingerspuren, in denen es von
Dunkelheiten wimmelt, jawohl,
»wimmelt«, ein Wort das ich selten ge-
brauche, umsonst regst du dich auf, es
ist die grausame Wahrheit, bring mich
nicht in die Verfassung, dir zu sa-
gen, von was es noch in diesem Hause
wimmelt! Die Sonne stiehlt sich
durch den Vorhang
und kriecht unters Bett.

Und was für ein Staub erst auf den Him-
melskörpern und Sternen, wenn du
ihnen unter die Betten siehst!
Gelegentlich müßte man auch dort die
Teppiche klopfen, in Gedanken zu-
mindest, wenn nicht mit dem Bracker;
die Erde ist das Unter-dem-Bett des
Himmels, am Himmel wimmelt es von Ko-
meten, und unter deren Bett ist wie-
der ein Unter-dem-Bett – alles in
allem eine Krypta in Stufen.

Wirbel

Ich halte die Augen offen,
halte auch du sie,
daß wir, komm, ein bissel
Zug in die Welt bringen.

Die Grille unter der Tür
hat uns ein paar
gute Meter
Stille
zugeschnitten –
bandagieren wir uns ein
wie die Pharaonen.

Nur die Augen laß uns offenhalten
und sehn wie die Pyramide sich abnützt.

Mit hängenden Segeln

Ich bin ein Schiff
mit hängenden Segeln.
Man hat mir einen Sturm versprochen,
ich habe ihn der Mannschaft versprochen,
noch ist kein Wölkchen am Himmel,
kein einziges Wölkchen.
Die Idee
klettert zum Mastkorb,
hält Ausschau,
kein Wölkchen, kein
einziges Wölkchen,
bloß zwei Möwen
auf weichen Schwingen,
und kein Lüftchen
kräuselt auch nur eine Feder.
Sie driften, wir driften.
Kein Wölkchen, keine Wolke.
Nur auf dem Meeresboden
bei den Seepferdchen,
die glühende
Kohlen mampfen,
ist etwas Unruhe
im Stall.

Ich bin ein Schiff, ich bin ein Schiff.

Ozean, von Schiffen unterbrochen

Ein schönes Bild:
Flockentreiben
über den Wellen.
Auch ich, auch du, Flocke und Flocke,
haben uns bodenlos
fallen lassen.

Gut daß wir auf
diese Schiffe trafen,
Hartholz, wohlriechende Arten,
übertrieben exotisch vielleicht,
doch in Ermangelung
von etwas anderem
schaukeln wir nun
auf ihnen.

Noch eine Viertelstunde
bis zum Läuten,
genau eine Viertelstunde,
dann geht ein Gebimmel los,
von dem wir verdammt nichts wissen,
denn wir sind keine Schulkinder mehr
sondern auf dem offenen Meer,
das heißt mitten im Ozean,
und da muß doch etwas
eigens für uns läuten.

Für das Ohr des Mondes,
das einen Trichter bildet,

für diese heimatlosen Schiffe.
Ganz zu schweigen
vom Ozean.
Ihn haben wir mit den Schiffen
allzu oft unterbrochen.

Dutt

Oh, die frisch gewaschenen Gardinen …
Hat sich ein Nebel aufs Zimmer gesenkt?
Der Dutt, fällt mir ein, ist längst
aus der Mode. Obwohl, man sollte ihn
wieder tragen, den Knoten, hoch-
gesteckt, wie früher – du als Frau
müßtest eigentlich mehr darüber wissen,
weshalb niemand mehr Dutt trägt,
warum auf einmal dieser Nebel sich senkt,
sag es mir, ich bitte sehr darum, gestehe,
heb auf der Stelle den Nebel und
steck dir daraus einen Dutt, mal
sehen, wie er dich kleidet.

Du schläfst jetzt,
und ich werde mir
an deiner glatten Hüfte
das Rasiermesser schärfen.

Langsam,
vor dem Spiegel,
werde ich dann
nach und nach
aus meinem Bart treten
wie das Tier
aus dem Strauch.

Inzwischen wirst du wach,
gibst mir schamlose Namen,
und innerhalb weniger Augenblicke
rollen wir
die Entwicklung der Menschheit
auf,
Strauchritter, Wegelagerer,
die ganze Bande,
das ganze Band.

Wimpern

Am schönsten ist die Müdigkeit,
wenn vor Wonne über den Ge-
danken, Augenzeugen gewesen zu sein,
die Wimpern dir zufallen.

Aufseufzend
greifst du zur Stirn,
während, das Knie am Kinn
und die Hand an der Schläfe,
ein anderer
für dich glaubt.

Kein Gefühl ist mehr ganz.
Selbst die Sterne blinzeln
säuerlich wie
ausgepreßte Zitronen
zur Zimmerdecke,
unter die sie geschlüpft sind.

Bitte, jetzt geh ich

Bitte, jetzt geh ich,
den Hut in der Hand,
wohin mich die Ameisen führen,
die jetzt auch gehn,
den Hut in der Hand,
wohin die Schwammerl sie führen,
die den Hut aufhaben
und sich giften,
weil der Wind ungünstig ist,
während, weil er
mir äußerst günstig ist,
der Wind nämlich,
dieser Wind mir quasi
rückenwindisch Beine macht,
die Bahnhofsuhr
noch rasch einmal
aufzuziehn, bitte.

Die Heimkehr des Pharao

Regelmäßig wenn ich
nach Hause komme,
empfangen am Treppenaufgang
mich unbeweglich
rechts und links
zwei Katzen.

Beide schnurren und spinnen sie
am gleichen Geheimnis.
Furchtbare Sphinxe
in Taschenformat.

Mein Haus ist ja kein Palast
mit dicken Wänden und Labyrinthen.
Die Sphinxe sind Kätzchen
(und ich überlege, ob man die
Sphinxen-Allee nicht doch noch
verlängern könnte).
Wie dem auch sei, ich nehme mich
haargenau so wichtig
wie im Altertum,
schreite majestätisch von Stufe zu Stufe,
Pharao, der Geheimnisumwobene.

Odysseus

Schon der Gedanke, was mich zu Hause erwartet.
Die Freier, diese Schweine, voll
bis oben, die schmierigen Panzer am Haken,
nur das Brettspiel im Kopf,
schlappe Würfel, schlappe Glieder,
nichts mehr los, selbst wenn ein
viel tolleres Weib als Penelope
sie nähme (Ob sie tat-
sächlich schon alt ist?)

Andererseits dann freilich auch diese weinerlich
Verhuschte am Webstuhl, die vor lauter Geiz
alle Fäden verheddert!
Ich kann mir den Empfang am Tor vorstellen:
»Was hätte aus dir werden können!«
»Schweig, Troja war kein Pappenstiel ...«
»Bitte, bitte – aber Agamemnon! Klytäm-
nestras Agamemnon! Wie konnte der so früh zurück
sein,
daß seine Knochen heute längst vermodern –
war es nicht ein Krieg für alle?«
»Zehn Jahre kam ich übers Meer, weil Neptun ...«
»Neptun! Neptun! Sag lieber
klipp und klar:
Mit wem?
Und so lange?
Tatsächlich so lange?
Was war denn das für ein Meer?«

Uff, könnte ich mir doch eine Hütte
hier auf den Wellen bauen,
ein winziges Zelt
in diesem etwas geschützten Winkel
zwischen Scylla und Charybdis.

Die Karawane

Keiner von uns ist Ulysses, auch
die Sirenen sind tot.
Allein das Wachs in unseren Ohren
geht nicht zur Neige;
täglich schippen wir's aus.

Die See liegt trocken.
Wogen sind zu kümmerlichen
Kamelhöckern geschrumpft,
auf denen wir tage- und nächtelang
reiten, die Hände bis an die Ellbogen
in beide Ohren gestopft, ange-
strengt und bemüht, einen reineren Laut
aufzupuhlen, etwas Singbares, für das sich
der endlose Gang durch den Sand lohnte.

Medizin

Ist man durch irgendein Mittel
irgendeiner Krankheit
zu Leibe gerückt,
so müßten nun alle,
die je daran starben,
auferstehen
und so lange leben dürfen,
bis eine nächste Krankheit
sie krank macht, für die es
noch keine Medizin gibt.

Ich suche einen Verbeugungsregisseur.
Immer häufiger werde ich belagert,
man drängt sich, will mich sehen,
Beifall auf offener Bühne, man
zieht mich ins Rampenlicht –
und ich steh da
und weiß mich einfach nicht zu verbeugen,
so ein Mist!

Erklären Sie mir, mein Herr, wie ich zu stehen habe,
damit etwas Respekt in meine Haltung kommt:
Die Arme an den Leib geschnürt?
Mich in Verneigungen verrenkend?
Oder die Position eines Fötus,
der, während er den Bauch,
der ihn beherbergt hat, verläßt,
nach rechts und nach links
noch Kußhände wirft?

Wäre es nicht angebrachter, man würde
sich einfach in die Augen sehen?
Genügt es nicht schon, daß wir
einander sehen können
über den Zaun des Körpers hinweg,
diesen hölzernen Staketenzaun,
an dem wir lehnen
und der sich nicht zu beugen weiß?

Verzeihung, ich frage halt so,
weil ich kein Regisseur bin und
mich nicht auskenne, bloß
darum – es interessiert mich.

Ich sehe den Leuten aufs Maul,
höre mir an, was sie sagen,
habe bereits ein Minimum
an Kenntnissen zusammen,
und an Bekanntschaften.

Aber immer diese Konjunktionen,
Präpositionen, Interjektionen,
was soll das ganze Beziehungsgewusel,
als säßen wir nicht in einem Satz!

Alles, was die Poesie hergibt

Es wird enorm viel geschrieben, wir leben im Zeitalter des beschriebenen Papiers. Brauchten die nicht zivilisierten Menschen vor 15000 Jahren ihren Bruchstein zum Leben, oder vor 12000 Jahren den geschliffenen Stein, so können wir heute gar nicht mehr existieren ohne unser bedrucktes Papier voller Ausrufezeichen, Beistriche und Wörter. Man schreibt auch immer flüchtiger. Bücher aus lauter angefangenen Sätzen. Manche kriegen das Eigenschaftswort noch gerade hin, andere sogar das Fürwort. Ganz wenige spüren sich an die Wurzel eines Zeitwortes heran.

Erwägungen wie diese stellt jeder an, der die Literatur um ein weiteres Buch zu bereichern gedenkt. Die Läden bersten vor neuen Titeln. Die Antiquariate bersten vor alten Titeln ... Für wen noch schreiben? Will das Publikum noch mehr Bücher? Große Industriepötte verfügen über ein Steigrohr; eine solche Regulierungsvorrichtung hat die Literatur leider nicht. Es wird drauflos geschrieben, auch wenn, um im Bild zu bleiben, der Pott am Zerplatzen ist. Warum? Für wen? Darauf gibt es nur eine Antwort: Ich schreibe für mich. Ich allein bin das Publikum meiner Gedanken. Machen wir uns nichts vor: Wer versteht uns schon, wenn wir selber uns nur in Bruchteilen (bis zur Hand, bis zum Gürtel) verstehen? Darum muß Dichtung vor allem ehrlich sein – nur so wird sie uns genau übersetzen, nur so können wir uns in ihr rekonstruieren, etwa wie den Weg der Schnecke aus dem Haus und zurück, nach der weißen Spur im Laub. Andererseits ist es sogar schwer, nicht ehrlich zu sein (und deshalb sind viele nicht ehrlich; ehrlich sein ist gar zu leicht), wenn man sich vornimmt, nur mit sich zu sprechen, weil man, wie ich bereits sagte, nur selber am Gespräch interessiert ist. Halte Zwiesprache mit dir selbst über die fundamentalen Probleme, die du als Mensch hast: das Glück, die Wahrheit, die Existenz, den Tod. Weil sie dich unmittelbar angehn, ist es undenkbar, daß sie dich nicht beschäftigen. Wer über andere Dinge schreibt (irgendwelche von außen herangetragene Themen), gleicht einem, der in einen Quecksilbertiegel fiel und nun versucht, dort für jene zu leiden, die anderswo in Daunenbetten schlafen. Ein falsches Leid. Du bist und bleibst der Mittelpunkt deiner Aufmerksamkeit. »Der in einen Quecksilbertiegel fiel« ist nicht der richtige Ausdruck. Das Quecksilber ist in dir, Schicksal ist eine interne Angelegenheit, dein Blut siedet – um so unwahrscheinlicher, daß du da für die am Nordpol Frierenden littest. Umfassende allgemeine Liebe ist ein Thema der Rhetorik. Poesie hingegen hieße den Mut aufbringen, die eigene Subjektivität, die eigene Seele bis in die dunkelsten Falten, die eigensten Schrecken und Hoffnungen hinein aufzudecken. Vielleicht ist das sogar humanitärer.

Lyrik, so scheint mir, dient der Erkenntnis. Lyrik muß die Philosophie einschließen. Der Dichter ist ein Denker, oder er ist nichts. Selbst die Folklore ist letzten Endes ein Denkakt, Meditation. Der authentische Lyriker ist Philosoph, doch zugleich auch mehr: bei ihm kommt die Intuition hinzu. Ihm werden seine Gedanken, sein Erschrecken, sein Kummer zum Mittel der Untersuchung, zum Instrument. Linse, Rohr und

Kenntnisdaten vereinigen sich zum Teleskop, das den Himmel erforscht. Ein genialer Dichter, meines Erachtens, kann nur mittels der poetischen Intuition einen neuen Himmelskörper entdecken; den hinterher dann Wissenschaftler durch Bahnberechnung bestätigen.
Das alles gibt die Poesie her.
Das ist alles, was die Poesie hergibt. Ihr Nachgeschmack ist bitter. Was nicht Pessimismus bedeutet, bloß Luzidität. Man lebt mit dem Wissen um die Dinge.
Aus all dem sollte nicht folgern, ich hätte vor, das Gedicht gewaltsam von den Tagesfragen, den gesellschaftlichen Belangen usw. zu trennen. Das läßt sich nicht tun, weil das Gedicht den Pflanzen gleicht, die im Wasser leben – wobei das Wasser die Umwelt darstellt, in der wir alle existieren. Wir können nicht umhin, wir sind durchsetzt mit ihr, der Umwelt, ihm, dem Wasser. Der Irrtum, der immer wieder begangen wird, besteht darin, daß man von der Pflanze, die im Wasser lebt, verlangt, sie möge nach dem Wasser streben, wo doch ihr Trachten der Luft, dem Licht, der Erde gelten muß. Denn, ich wiederhole: wir sind mit Wasser gesättigt, übersättigt, können seiner Fatalität nicht entrinnen, es reicht bis in die feinsten Verästelungen unserer Wörter. Jene, die vom Gedicht mehr Lebensnähe verlangen, sind Naivlinge oder Ignoranten. Sie leugnen in ihrer Forderung die profunde Gesellschaftlichkeit der Kunst. Der Gedankengang läßt sich auch in einem anderen Bild ausdrücken: Es ist so, als verlange man von einem Singvogel, der die meiste Zeit auf einem Baum verbringt, er solle immer nur *auf* diesem Baum und *von* diesem Baum singen. Wird die »Thematik« des Bau-

mes sich im Gezwitscher des Vogels widerspiegeln? Mag sein, aber man beweise es mir.
Ich bin also für Luzidität. Für die Unabhängigkeit der Poesie, die Wahrung ihres Spezifikums. Dafür, daß wir sie nicht unter das mittlere Verständnisniveau, oder noch tiefer, absinken lassen. Wie zum Verständnis der Relativitätstheorie eine gewisse Bildung nötig ist, so erfordert die ästhetische Aneignung Mühe, Kultur, geistige Auseinandersetzung und Elevation. Und da ich von der Einsteinschen Theorie sprach, dazu noch eine Bemerkung: Das Gedicht muß konzis, fast algebraisch sein. Diesen Trend glaube ich zumindest überall in der modernen Lyrik feststellen zu können. Nicht mehr der Vergleich, sondern die Metapher. Nicht mehr die Einzelmetaphern in jedem Vers – sondern das ganze Gedicht als Metapher. Das Gedicht muß kurz sein – dann mag die Kritik sich ausdehnen. Lassen wir uns nicht täuschen: Das große Mahābhārata und das Rāmāyana-Epos haben eben deshalb der Zeit getrotzt, weil sie kürzere, weil sie die kürzesten Produkte dieser Art in jener Epoche waren. Zu Homers Zeiten galt die Ilias als ebenso konzentriert wie heute die Formel $E = mc^2$. Darum glaube ich immer mehr an den poeta doctus, den Dichter mit umfassender Bildung: nur er ist der Konzentrierung und Stilisierung auf Essenz und Formel fähig. Ich wende mich gegen den Mythos des müßigen Bohemiens, des unbedarften Sängers der Ignoranz, der, zwischen den Begriffen torkelnd, nur von seinen »Eingebungen« lebt, wie der Trunkenbold vom Schluckauf.
Demnach bin ich für ein Gedicht, das sich mit den Grundfragen des Menschen beschäftigt, ohne sie nun

aber mechanisch beantworten zu wollen. Mechanisch, das wäre: naiv-idyllisch, pädagogisch-erzieherisch, pathetisch-demagogisch. Das Gedicht kann weder Krieg auslösen noch Frieden stiften. Die Menschheitsgeschichte beweist das zur Genüge. Ich bin für das Gedicht als ein auf den Menschen gerichtetes Erkenntnismittel des Menschen. Diese mittelbare Erkenntnis kommt nur im Alleinsein, nur in selbstloser, ehrlicher und tiefer Meditation zustande. Ich wüßte nichts Individuelleres als den künstlerischen Akt. Jeder von uns erfährt Einmaliges, und sei es bloß deshalb, weil wir alle einzeln existieren. Ich lebe mein Leben, nicht deines. Selbst wenn wir siamesische Zwillinge wären, hätten wir noch das Recht zu sagen, daß wir unterschiedlich fühlen. Man gestatte mir, unterschiedlich zu sein. Bereits in der Antike ist der Chor verschwunden. Erst wenn man die Einzelerfahrungen der Individuen in dem, worin sie sich unterscheiden – und nicht worin sie sich gleichen – kennt, kann man mit dem Studium der Vielfalt und des Reichtums der menschlichen Seele beginnen.

Ich wollte mir einiges über Dichter und Dichtung notieren – und es sind mehrere Seiten geworden. Noch ein Beweis, daß wir im Zeitalter des beschriebenen Papiers leben, das wahrscheinlich viel, viel älter ist als die Stein- oder Bronzezeit.

Marin Sorescu

Quellenhinweise

Die Gedichte wurden folgenden Bänden entnommen:

POEME, *Editură pentru Literatură, Bukarest 1965*
Reminiszenzen; Die Schnecke.

TINEREŢEA LUI DON QUIJOTE, *Editura Tineretului, Bukarest 1968*
Um die Wette; Der Mann mit der Lupe; Erde; Eine Zange; Jeder; Ein Halm.

TUŞIŢI, *Editura Eminescu, Bukarest 1970*
Alchemie; Das Kamel; Husten; Die Grotte; Grünes Blatt; Heiligenmalerei.

SUFLETE, BUN LA TOATE, *Editura Albatros, Bukarest 1972*
Eine Frau...; Verzwickt; Evolution; Die Festung; Auf der Suche nach einem Bild von Hegel; Andere Dimensionen; Abschnitt; Das Licht; Vorwände; Der Schreiber; Karneval; Waschtag; Der Doppelgänger; Spielend...; Der Wind; Du denkst in großen Abständen...

ASTFEL, *Editura Junimea, Jassy 1973*
Vom Wiedererkennen; Ein Tag; Gepäck; Vage; Im Wind; Gewitterzeichen; Herbst; Nostalgie; Nebel; Oszillation; Wie Schornsteine; Merkwürdig; Sanduhr; Vorgang; Die beiden Schurken; Den...; Quicklebendig; Der Täter; Maschinen; Über mein Leben gebeugt...; Entfernung; Jagdzeit; Schreck; Turm unter uns; Londons Tower; Zumindest Titel; Tamtam; Was für ein Staub; Wirbel; Mit hängenden Segeln; Ozean, von Schiffen unterbrochen; Dutt; Du schläfst jetzt...; Wimpern; Bitte, jetzt geh ich; Die Heimkehr des Pharao; Die Karawane; Ich suche einen Verbeugungsregisseur...; Ich sehe den Leuten aufs Maul...

NORII, *Editura Scrisul Românesc, Craiova 1975*
Schulden; Erbschaft; Auch die Luft; Odysseus; Medizin.

SĂRBĂTORI ITINERANTE, *Cartea Românească, Bukarest 1978*
Abendrot Nr. 21; Kalt, kälter...; Zutiefst abstrakt; Fastenzauber; Die Unbekannte; Auf die Zeichen im Äther; Verheerende Wirkung; Resonanzkörper; Abendrot Nr. 15.

Das Gedicht ›Statik‹ stammt aus der Zeitschrift ROMÂNIA LITERARĂ Nr. 26/1972

Inhalt

I Vom Wiedererkennen

II Klaviatur

III Ein kleines Buch

IV Turm unter uns

Lyrik bei Piper

Anna Achmatowa · Im Spiegelland
Ausgewählte Gedichte. Hrsg. von Efim Etkind. 1982. 205 Seiten. Geb.

Ingeborg Bachmann
Anrufung des Großen Bären
Gedichte. 9. Aufl., 39. Tsd. 1985. 79 Seiten. Serie Piper 307

Ingeborg Bachmann · Die gestundete Zeit
Gedichte. 10. Aufl., 41. Tsd. 1985. 63 Seiten. Serie Piper 306

Ingeborg Bachmann · Liebe: Dunkler Erdteil
Gedichte aus den Jahren 1942–1967. 1984. 61 Seiten. Serie Piper 330

Ingeborg Bachmann · Sämtliche Gedichte
1983. 229 Seiten. Geb.

Hilde Domin · Ich will Dich
Gedichte. 5. Aufl., 12. Tsd. 1985. 47 Seiten. Geb.

Ludwig Fels · Der Anfang der Vergangenheit
Gedichte. 1984. 118 Seiten. Geb.

Eugenio Montale · Glorie des Mittags
Ausgewählte Gedichte. Italienisch/Deutsch. Übertragen und mit einem Nachwort von Herbert Frenzel. 1975. 176 Seiten. Geb.

Eugenio Montale · Satura/Diario
Aus den späten Zyklen. Italienisch/Deutsch. Übertragen und mit einem Nachwort von Michael Marschall von Bieberstein. 1976. 190 Seiten. Geb.

Pier Paolo Pasolini · Gramsci's Asche
Gedichte. Italienisch/Deutsch. Mit einem Nachwort von Michael Marschall von Bieberstein. Aus dem Italienischen von Toni Kienlechner. 1983. 192 Seiten. Serie Piper 313

Russische Lyrik
Gedichte aus drei Jahrhunderten. Ausgewählt und eingeleitet von Efim Etkind. 1981. 575 Seiten. Leinen.